Weihnachten ist bald

Mit Bildern von Elisabeth Zink-Pingel
Zusammengestellt von Gerlinde Wiencirz

Nein, ich kann heut nacht nicht schlafen!
Ich wart auf dich, St. Nikolaus!
Kommst du auch an uns're Tür?
Oh – vergiß nicht unser Haus!

Laß die Rute auf dem Schlitten,
Aber schlepp den Sack herein.
Und vergiß nicht meine Stiefel!
Ich will auch immer artig sein.

Bald nun ist's Weihnachtszeit,
Fröhliche Zeit.
Jetzt ist der Weihnachtsmann
Gar nimmer weit.

Horch nur, der Alte
Klopft draußen ans Tor!
Mit seinem Schimmel
Steht er davor.

Leg' ich dem Schimmelchen
Heu vor das Haus,
Packt gleich der Ruprecht
Den großen Sack aus!

Ladislaus und Annabella

In der Ecke eines Fensters
Unten rechts im Warenhaus
Sitzt die Puppe Annabella
Mit dem Bären Ladislaus.

Annabella weint und jammert,
Ladislaus, der grunzt und schnauft:
Weihnachtsabend ist gekommen,
Und die zwei sind nicht verkauft.

„Armer Bär!" seufzt Annabella.
„Arme Puppe!" schluchzt der Bär.
Tränen kullern in die Ecke.
Und das Herz ist beiden schwer.

In dem leeren Warenhause
Löscht man langsam Licht um Licht.
Nur in diesem einen Fenster,
Da verlöscht die Lampe nicht.

Voller Mitleid mit den beiden
Läßt der brave alte Mann
Von der Wach- und Schließgesellschaft
Diese letzte Lampe an.

Dann verläßt er Annabella
Und den Bären, welcher klagt
Und mit sehr gepreßter Stimme
„Lebewohl“ und „Servus“ sagt.

In der menschenleeren Straße,
Abendstill und schneeverhüllt,
Sind die beiden in dem Fenster
Ein betrüblich Jammerbild.

Traurig vor der großen Scheibe
Fallen Flocken, leicht wie Flaum.
Und im Hause gegenüber
Glänzt so mancher Weihnachtsbaum.

Zehn Uhr schlägt's vom nahen Turme,
Und fast schlafen beide schon,
Da ertönt im Puppenhause
Laut das Puppentelefon.

„Hallo“, fragt der Bär verschlafen.
„Hier das Kaufhaus. Wer ruft an?“
Da vernimmt er eine Stimme,
Und die brummt: „Der Weihnachtsmann.“

„Oh", ruft Ladislaus erschrocken.
„Was darf's sein, ich bitte sehr?"
„Eine schöne Puppenstube,
Eine Puppe und ein Bär."

„Das ist alles noch zu haben!"
Ruft die Puppe Annabell.
„Kommen Sie zum Warenhause
Unten rechts, doch, bitte, schnell!"

Das ist eine Überraschung.
Ladislaus kämmt schnell den Schopf,
Und die Puppe Annabella
Flicht ein Schleifchen in den Zopf.

Und schon zehn Minuten später
Kommt ein Schlitten, kommt ein Roß.
Und ein Alter steigt vom Schlitten.
Und ein Schlüssel knarrt im Schloß.

Ladislaus, der quiekt und jodelt,
Annabella lacht und singt,
Als der Weihnachtsmann die beiden
In den Pferdeschlitten bringt.

Grad in diesem Augenblicke
Kommt der brave alte Mann
Von der Wach- und Schließgesellschaft
Wieder kontrollierend an.

Höflich grüßt er die Gesellschaft,
Springt zurück ins Warenhaus,
Holt die schöne Puppenstube,
Und dann trägt er sie hinaus.

Leise sagt er zu der Puppe:
„Frohes Fest, mein liebes Kind",
Während eine kleine Träne
In den großen Schnauzbart rinnt.

„Frohes Fest", sagt Annabella.
„Frohes Fest", sagt Ladislaus.
Dann wird's dunkel in dem Fenster
Unten rechts im Warenhaus.

Wißt ihr, was die Frösche am Weihnachtsabend machen?

Wißt ihr, was die Katzen
Am Weihnachtsabend machen?
Sie sehen weiße Flocken
Und woll'n am Ofen hocken.
(miau, miau, miau …)

Wißt ihr, was die Fische
Am Weihnachtsabend machen?
Sie schwimmen auf und nieder
Und blubbern Weihnachtslieder:
(blub, blub, blub …)

Und die Elefanten,
Die feiern bei den Tanten.
Sie essen aus der Schüssel.
Trompeten mit dem Rüssel:
(täterätätä …)

Wißt ihr, was die Ferkel
Am Weihnachtsabend machen?
Sie wälzen sich im Mist!
Ob das wohl lustig ist?
(oink, oink, oink …
grunz, grunz, grunz)

Die Rübe als Nase,
die Augen aus Stein
und kohlschwarze Knöpfe.
Wer kann das wohl sein?

Schneemann

Quellennachweis:
Ladislaus und Annabella: © James Krüss.
Wißt ihr, was die Frösche am Weihnachtsabend machen?: aus: Volker Rosin, Die Liederwiese, © 1985 Don Bosco Verlag, München.
Nein, ich kann heut nacht nicht schlafen, Der Schneemann
© 1988 Barbara Cratzius

4 91 90

Kleine Ravensburger Nr. 33 · © 1988 Ravensburger Buchverlag Otto Maier GmbH
Umschlaggestaltung: Kirsch & Korn, Tettnang · Redaktion: Gerlinde Wiencirz
Printed in Germany · ISBN 3-473-33133-3